EUGEN SOPKO hat folgende Bilderbücher
für den Nord-Süd Verlag illustriert:

Die Sterntaler
Ein Märchen der Brüder Grimm

Weihnachten bei Großvater
Text von Winfried Wolf

Der weiße Rabe und das schwarze Schaf
Text von Eugen Sopko

Tatü, der kleine fremde Kater
Text von Dorothea Lachner

Rechtschreibung nach den neuen Regeln

Lektorat Brigitte Hanhart Sidjanski

© 1997 Nord-Süd Verlag AG, Gossau Zürich, Hamburg und Salzburg
Alle Rechte, auch die der Bearbeitung oder auszugsweisen Vervielfältigung,
gleich durch welche Medien, vorbehalten. Lithographie: Die Repro, Tamm.
Gesetzt in der Stempel Schneidler, 16 Punkt. Druck: Proost N.V., Turnhout
ISBN 3 314 00787 6

Die Deutsche Bibliothek – CIP-Einheitsaufnahme

Der *Stern im Norden* / Friedrich Recknagel. Bilder von Eugen Sopko.
– Gossau ; Zürich ; Hamburg ; Salzburg : Nord-Süd-Verl., 1997
(Ein Nord-Süd Bilderbuch)
ISBN 3-314-00787-6 NE: Recknagel, Friedrich; Sopko, Eugen

2 3 4 5 01 00 99 98 97

Der Stern
im Norden

Eine Weihnachtsgeschichte von
Friedrich Recknagel
Bilder von Eugen Sopko

Nord-Süd Verlag

Da lag ein Land im hohen Norden. Winter war es; selbst die Tage blieben dunkel und Eisberge trieben im nahen Meer.
Eines Abends saßen der König dieses Landes, seine Frau und sein Sohn an der Abendtafel. Nur Norne, die kleine Tochter, fehlte noch.
»Wo sie nur bleibt?«, fragte die Mutter.
»Sie wird wohl wieder Sterne zählen«, meinte der Vater, »heute haben wir einen klaren Himmel.«
Plötzlich stürzte Norne aufgeregt in die Halle. »Kommt raus, schnell!«, rief sie atemlos. »Da steht ein Stern, der leuchtet wie die Sonne!«

Sie traten vors Schloss, und wirklich leuchtete ein Stern am Himmel, wie ihn noch niemand von ihnen gesehen hatte.
»Was bedeutet das?«, murmelte der König.
»Ich glaube, das ist ein guter Stern«, sagte die Mutter.
»Er strahlt so mild.«
Am nächsten Tag suchte der König die alte Seherin auf. Norne durfte ihn begleiten.

Der König erzählte der Seherin von dem Stern.
»Ich weiß«, sprach die Seherin, »der Stern zeigt ein frohes Ereignis an: Ein König wurde geboren, der über allen Königen stehen wird.«
»Das nennst du ein frohes Ereignis?«, entgegnete der König. »Wenn der neue Herrscher mächtiger ist als alle anderen, bedeutet das nicht Gefahr?«
»Der neue König bringt keine Gefahr. Ziehe hin und besuche ihn, wie dich deine Freunde besucht haben, als deine Kinder geboren wurden. Der Stern weist dir den Weg, beeile dich!« So sprach die Seherin, dann verstummte sie.
Der König beschloss dem Rat der Seherin zu folgen.

»Ich werde dem neuen Herrscher einen Reif aus goldbraunem Bernstein bringen«, sagte er zu seiner Familie. »Und ich glaube, Norne muss mich begleiten, denn sie hat den Stern zuerst gesehen.«
Die Mutter war besorgt, aber Norne freute sich sehr.
Der König ließ sein Schiff ausrüsten. Viele Männer gingen an Bord, auch Pferde, ja sogar Nornes Pony.
Im Dämmerlicht des Nordwinters stach das Königsschiff in See.
Sie segelten Woche um Woche. Schließlich führte sie der Stern in einen breiten Fluss.

Drei Tage lang mussten die Männer flussaufwärts gegen die Strömung rudern, dann gingen sie an Land, vertäuten das Schiff und richteten ein Lager ein.
Abends ging der Stern auf. Der König sagte: »Dort, wo der Stern jetzt steht, kann uns das Schiff nicht hinbringen. Wir werden zu Pferd über Land ziehen.«
Am nächsten Morgen brachen der König und Norne mit neun Begleitern auf. Die Reisenden zogen durch grünes Land. Palmwedel wiegten sich im warmen Wind.
Dann aber kamen sie in eine steinige, trockene Gegend.

Am Abend rastete die kleine Karawane erschöpft.
Die Männer zündeten ein Feuer an. Für den König
und Norne schlugen sie ein Zelt auf.
Als die Nacht hereinbrach, schauten alle Augen
zum Himmel: Welche Richtung würde ihnen der
Stern weisen? Aber so lange sie auch suchten,
der Stern ging nicht auf.
Sie saßen ratlos am Feuer. Wohin sollten sie sich
morgen wenden?

Da traten aus dem Dunkel zwei Gestalten in den Feuerschein, ein Mann und eine Frau. Sie trugen einen Korb und im Korb lag ein Säugling.

Der König und seine Männer blickten erstaunt auf die Ankommenden, auch Norne wunderte sich sehr.

Der fremde Mann sagte etwas. Es klang wie ein Gruß, aber niemand konnte seine Sprache verstehen.

»Sie sehen müde aus und sind bestimmt hungrig«, sagte Norne zu ihrem Vater. »Dürfen sie bei uns bleiben?«

Der König blickte der Frau in das Gesicht und musste plötzlich an den Stern denken.

Wortlos reichte er ihnen die Trinkbecher. Die Fremden blieben. Als sie sich gestärkt hatten, sagte der König zu Norne:

»Du schläfst mit den Fremden im Zelt. Ich übernachte hier bei den Männern am Feuer.«

Norne freute sich, dass sie bei dem kleinen Kind bleiben durfte.

Bald herrschte friedliche Ruhe im Lager. Der König saß am Feuer und dachte an den Stern, an das Kind und an die Augen der Frau und wieder an den Stern.
Da hörte er in der Ferne Pferdegetrappel. Reiter kamen näher. Sie umringten das Feuer; ihr Führer sprang aus dem Sattel, rief dem König etwas zu, aber der verstand nicht. Der fremde Krieger zeigte auf das Zelt, gab zu verstehen, dass er hineinschauen wolle. Der König stellte sich schützend davor, doch plötzlich war seine Sorge verflogen. Er nahm einen brennenden Ast als Fackel, schlug den Zelteingang auf, ließ den fremden Krieger hineinschauen und blickte selber hinein.

Er traute seinen Augen nicht: Im Zelt lag Norne, schlafend.
Aber neben ihr stand ein Rosenstrauch und am Strauch blühte
eine Rose. Sonst war niemand im Zelt.
Der fremde Krieger lächelte, verneigte sich vor dem König, bestieg
sein Pferd und sprengte mit seinen Leuten zurück in die Nacht.
Der König aber dachte lange über das Wunder nach; er wagte
nicht noch einmal in das Zelt zu schauen.
Bis zum Morgen grübelte er, dann war er sicher: Die fremden
Krieger hatten die Ankömmlinge von gestern verfolgt. Es musste
etwas Besonderes mit ihnen auf sich haben. Sollte das Kind etwa …
Aber der Mann und die Frau waren nicht wie vornehme Leute
gekleidet. Dann dachte der König wieder an den Stern, an die
Augen der Frau und an die Rose. Hatte sie im Fackelschein nicht
wie ein Stern geleuchtet?
Die Sonne verdrängte schließlich die Nacht. Plötzlich traten die
Eltern aus dem Zelt. Die Frau trug das Kind auf dem Arm. Auch
Norne war bei ihnen.
Der König rieb sich die Augen. Hatte er alles nur geträumt?
Aber deutlich waren noch die Hufspuren des Reitertrupps
zu erkennen.

Nun war sich der König ganz sicher: Er hatte das Kind gefunden. Es war in Gefahr. Er beschloss die drei Flüchtlinge zu beschützen. Bald ritten sie zurück und erreichten das Schiff. Die Familie ließ sich über den Fluss setzen; nun waren die drei in Sicherheit.

Der König schenkte den Eltern zwei Pferde. Für das Kind aber vertraute er der Mutter den Reif aus goldbraunem Bernstein an. Auch Norne wollte dem Kind etwas schenken. Sie führte ihr Pony heran und gab der Mutter zu verstehen, dass es dem Kind gehören solle. Die Mutter blickte Norne freundlich an, strich ihr über das Haar, lächelte und schüttelte den Kopf.
Dann zog sie ein dorniges Zweigstück aus ihrem Gewand hervor und gab es Norne. Danach nahmen sie Abschied. Norne war traurig, aber auch ein bisschen froh, dass ihr Pony noch bei ihr war. Nun befahl der König die Heimreise.

Nach Tagen und Monaten legte das Schiff im heimatlichen Hafen an. Hier war jetzt Sommer und nicht einmal nachts wurde es richtig dunkel.
Norne pflanzte sogleich den dornigen Zweig vor der Königshalle in die Erde.

Sieben Tage später saß die Königsfamilie an der Mittagstafel. Nur Norne fehlte noch.
»Wo sie nur wieder bleibt?«, fragte die Mutter.
Da stürzte Norne aufgeregt in die Halle. »Kommt raus, schnell!«, rief sie atemlos. »Da blüht eine Rose an unserem Dornenzweig, die leuchtet wie die Sonne!«